JN214810

心の指針

Selection

8

Ryuho Okawa

道(みち)を求(もと)めて生(い)きる

大川隆法
Ryuho Okawa

Contents

1 道を求めて生きる

この世の世界、
この物質世界は、
欲望の渦巻く世界である。
地位、名誉、
権力、金、
異性を巡る確執、
物質的な利便性、
あれもこれもと、
心に芽生えた欲望は、
とどまるところをしらない。

この世を生き抜くためには、
欲望や野望もある程度は必要だろう。
しかし、常に忘れてはならないことは、
心の調和であり、
道の完成である。

心の調和という言葉に、
消極性を感じとる人もいるだろう。
だが心を調和させるには、
強い意志、勇気、精進が必要なのだ。
穏かな心の持つ真のパワーに、
まだ気がついていない人が多すぎる。

利己心、自己保存欲、
自分自身の身勝手さに打ち克ち、
常に内なる道を求め、
道の完成を一生の理想とするがよい。
心の指針を忘れてはなるまい。

2 心の中の野獣

自分の心の中には、
野獣が棲んでいる。
その事実を知ることは、
とてもつらいことである。
抑えることのできない食欲や情欲。
怠惰な睡眠欲。
他人の悪口を言い、けなす心。
肉体を持つ身は、
規則正しい生活すら、ままならない。

3

破滅への道

悪事と知りつつ、
その行為を重ねるのは、
破滅への道である。

怠惰でありながら、
自らを立て直そうとしないのは、
破滅への道である。

悲しいが、
真実は逆である。
肉欲で縛られることが魂の不自由であり、
自分の心の中の野獣を調教できることが、
魂の真なる自由である。

信仰なくば、
真の自由は得られないものだ。

ああ、どうして、
五官煩悩を意識の支配下におくことが、
こんなにも困難であるのか。
それはおそらく、
自由の制限に見えるからであろう。
杭に鎖で縛られたかに感じるからであろう。
鎖で縛られた野獣は、
「自由」を得んとして暴れ、
全身傷だらけ、血だらけになる。

愚かな友人と交わって、
遊興に日々を過ごすのは、
破滅への道である。

霊肉の二頭立て馬車を走らせながら、
肉体の欲望に常に負けていくのは、
破滅への道である。

借金にまみれ、
家族の生活を苦しめることは、
破滅への道である。

邪教(じゃきょう)に振(ふ)り回(まわ)され、
因果(いんが)の道理(どうり)を悟(さと)らないのは、
破滅(はめつ)への道(みち)である。

仏(ぶっ)・法(ぽう)・僧(そう)の三宝(さんぽう)に帰依(きえ)しながら、
我欲(がよく)に流(なが)され、精進(しょうじん)しないのは、
破滅(はめつ)への道(みち)である。

4 足ることを知る

足ることを知るのは、
難しいことだ。
無軌道に突っ走って、
地獄を見た人は、
一時期、その境地を味わうが、
また、すぐに忘れてしまう。

欲が過ぎては失敗し、
慢心しては挫折する。
その振幅の激しい人を
天狗という。

そして自らの失敗を、
他人のせいや、
環境のせい、
世間のせいにして、
無反省のまま、
うらみ心を抱き続けると、
地獄界の住人となる。

人生の早い時期に、
自らの欲心を制し、
「足ることを知る」ことを悟った者は、
天狗界と地獄界には往かない。
これが智慧の言葉であることがわかるには、
人生への深い洞察が要るのだ。

欲の調節の加減

人生とは、自分自身を知る旅でもある。
異なる性格の人々の群れの中で、
様々に、もまれながら生きてゆかねばならない。
好きな人ばかりではなかろう。
ほめられてばかりでもなかろう。
否、むしろ、
批判や非難を、
雨あられと受けつつ、
ボロ傘をさして、
やり過ごす日々のほうが多かろう。

ただ、その日々を送るなかで、
不平不満で心を一杯にしたなら、
それが地獄なのだ。
嫉妬に狂ったなら、
そこに悪魔が出現するのだ。
他人の悪口しかいえない心は、
限りなく悲しい心だ。

わずかな幸福でも、
数えあげれば大きなものとなる。
極端に不幸でもなく、
他人がうらやましがるような幸福でもない、
中間的な幸福に、
十分な生きがいを感じよ。

この世の幸不幸とは、
欲の調節の加減でもあるのだ。

6 柔和忍辱の心

人は勉強すると頭が良くなる。
頭が良くなると鋭くなって、
他人の欠点を責め立てるようになる。
善悪を裁く目も、
智恵が増して厳しくなる。

誰もが経験する、
「よくあること」なのだが、
この轍に、いったんはまりこんでしまうと、
そこから出るのは困難だ。

「プライド」が許さないから、
自分の生き方を変えられないのだ。
そして人間として冷たくなり、
他人がついて来ない理由が分からなくなる。

こうして、
努力している自覚はあるのに、
リーダーとしては限界が来る。

だから知っていてほしい。
学べば学ぶほどに柔和になることの大切さを。
心が堅くなるだけでは、
多様な人々を愛することができなくなる。

また、
耐え忍びの心、
忍辱の心を養わなければ、
他人の批判に耳を傾けることもなくなるだろう。

それは、
修行しても、
あなたの進歩が約束されないということだ。

柔和忍辱の心を持つということは、
あなたが弱くなるということではなく、
強くなるということなのだ。

7 修行の中道

昔、釈尊の弟子に、
ソーナという者がいた。
マガダ国に攻略されたアンガ国の富豪の息子で、
屋外の地面を歩いたことがないので、
足の裏に毛がはえていたという。

このソーナが、釈尊のもとで出家し、
激しい修行に打ち込んだ。
山林のさびしい死体棄て場に独り住し、
経行の時には、やわらかい足が傷ついて、
散歩道が血にまみれるほどだったという。
だが、夜を日についで専心努力しても、
煩悩を離れて、
悟りに到ることはできなかった。
ソーナは世俗の生活をなつかしみ、
退転の心を抱いた。

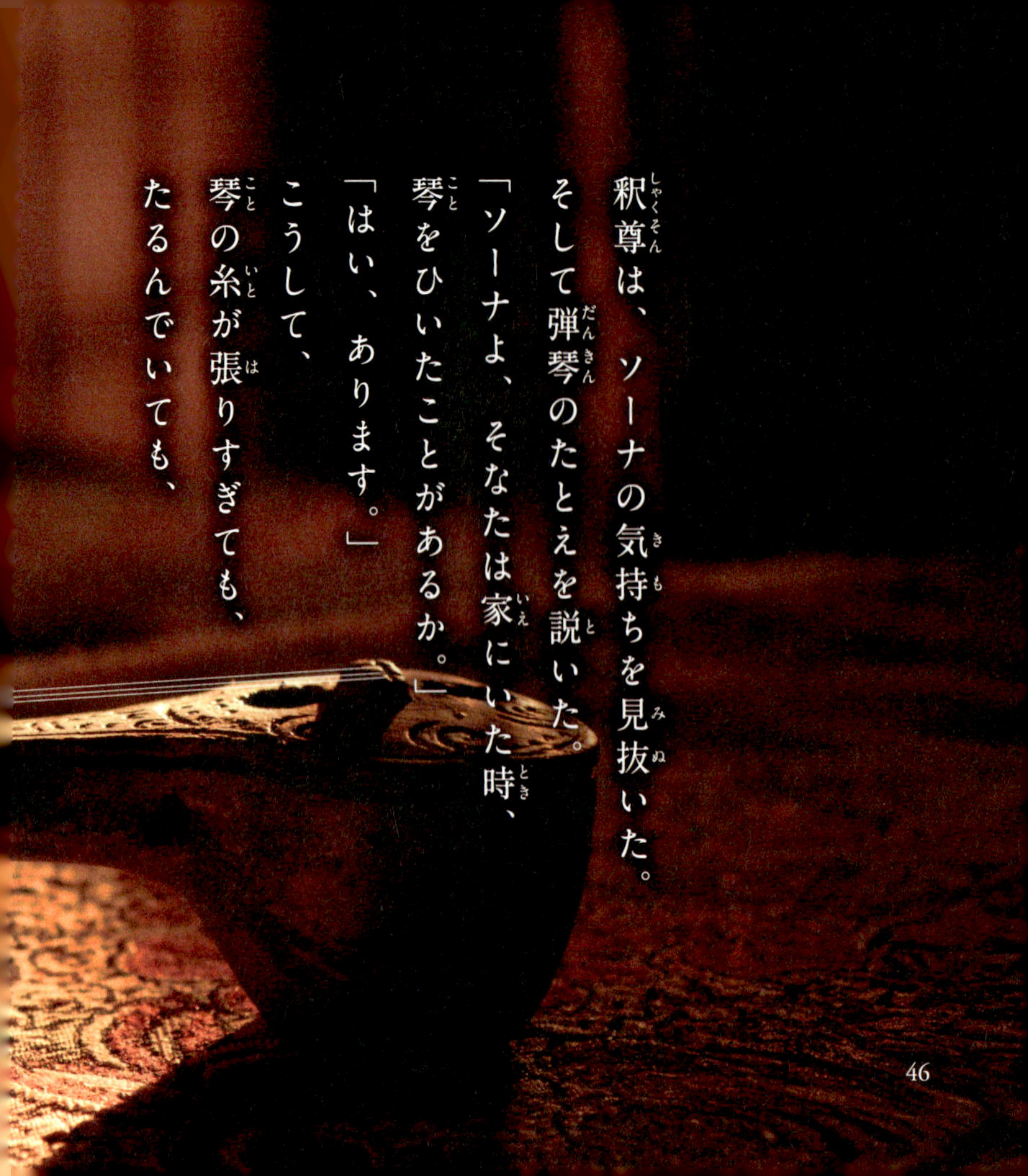

釈尊は、ソーナの気持ちを見抜いた。
そして弾琴のたとえを説いた。
「ソーナよ、そなたは家にいた時、
琴をひいたことがあるか。」
「はい、あります。」
こうして、
琴の糸が張りすぎても、
たるんでいても、

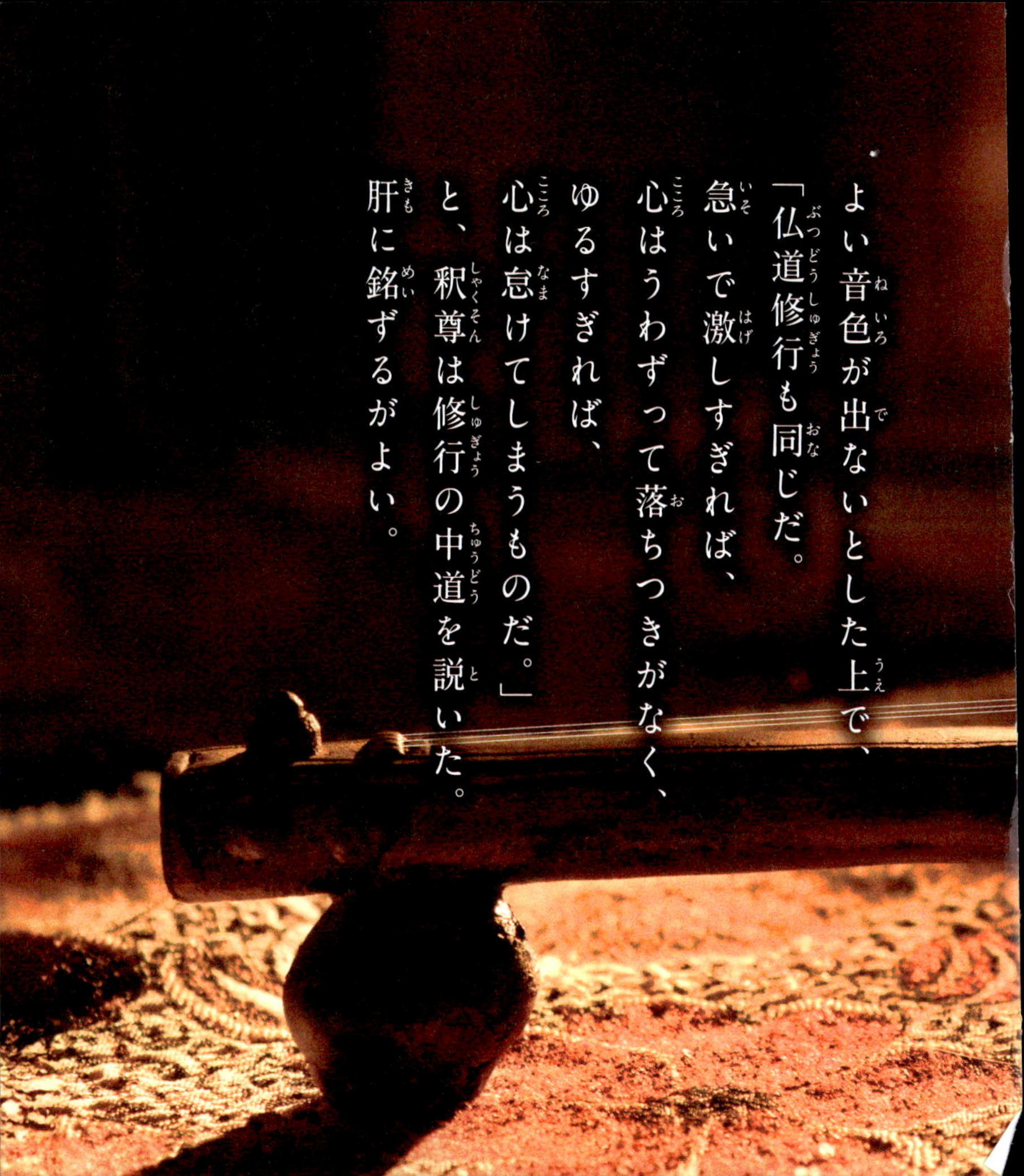

よい音色が出ないとした上で、
「仏道修行も同じだ。
急いで激しすぎれば、
心はうわずって落ちつきがなく、
ゆるすぎれば、
心は怠けてしまうものだ。」
と、釈尊は修行の中道を説いた。
肝に銘ずるがよい。

8 本当の即身成仏とは

仏教は悟りを求める宗教だ。
数多くの僧侶や尼たちが、
仏の悟りを求めて、
二千五百年以上修行に励んできた。
そのうち誰か一人でも
仏陀の悟りに到達したか。

歴史上の高僧、名僧は多いが、
残念ながら、

庶民の多数決では、
その悟りを認定できない。

ある者は、
仏の悟りを、哲学的抽象論に変えた。
ある者は、
仏の悟りを、無神論的唯物論に変えた。
ある者は、
仏の悟りを、天狗の自己実現に変えた。
ある者は、
各人に仏性があるなら、
生まれながらに仏だと説いた。
ある者は、
「南無阿弥陀仏」と唱えるだけで

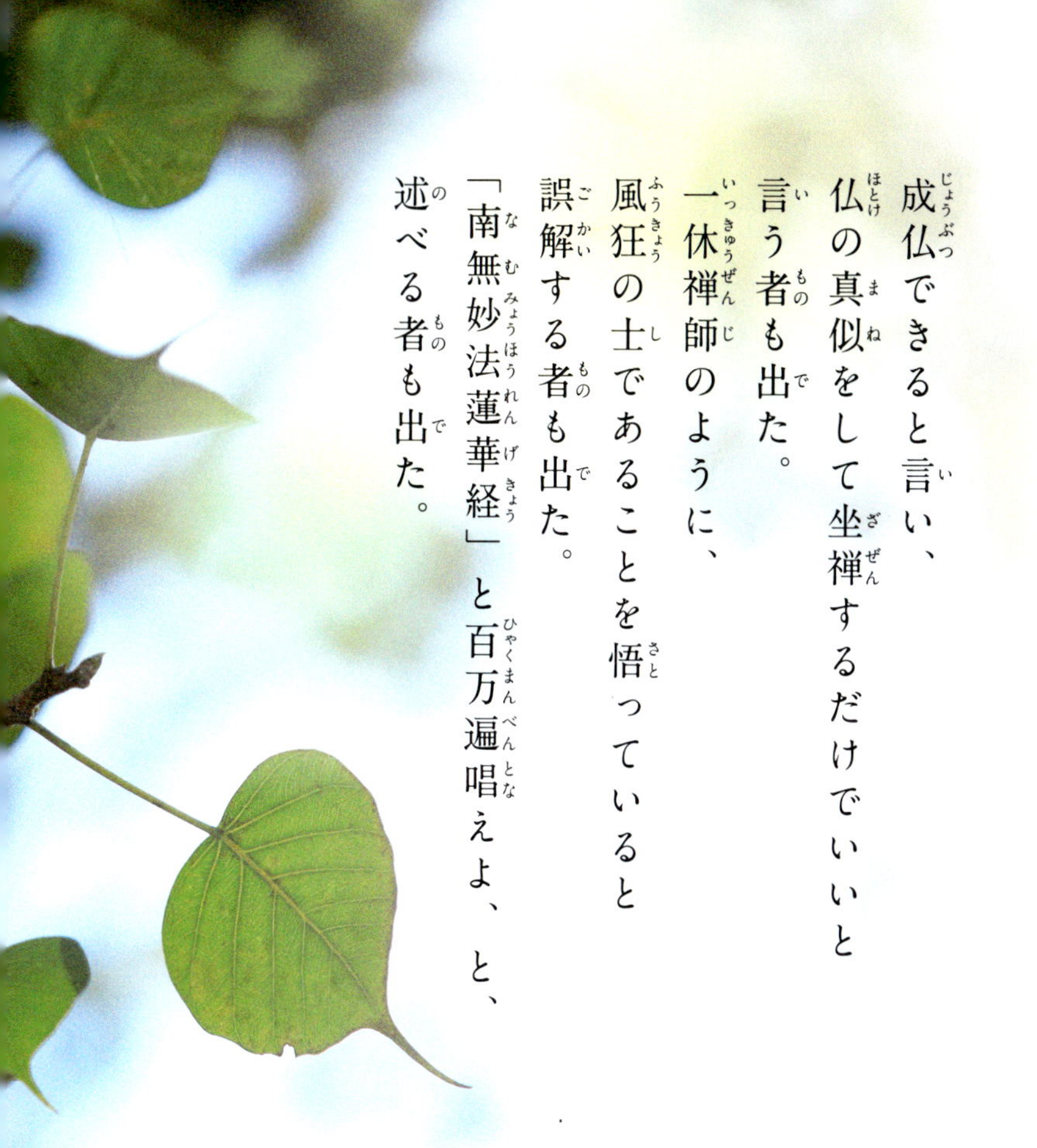

成仏できると言い、
仏の真似をして坐禅するだけでいいと
言う者も出た。
一休禅師のように、
風狂の士であることを悟っていると
誤解する者も出た。
「南無妙法蓮華経」と百万遍唱えよ、と、
述べる者も出た。

何かおかしい。
どこかが間違っている。

釈尊は、肉体煩悩を滅却しようとして、
断食したが悟れなかった。
中道に入り智慧を得るとは、
反省的瞑想を日課にすることによって、
心の垢や塵を払い、

天上界と同通することだった。
欲望や単なる自己実現願望が、
霊能力と一体となることで、
即身成仏はできないのだ。

9
涅槃の境地

疲れた時には、
少し速度を落とすがよい。
人の目は気にするな。
悪いニュースばかり書いてある、
新聞や週刊誌を脇にどけ、
テレビのニュースも消すがよい。

静かな音楽に耳を傾けながら、
水辺や山を描いた、
絵や写真を眺めるとよい。
はるかなる悠久の世界に、
心を遊ばせるのだ。

人の想念に心かき乱されるな。
欲望や悪しき想いがあれば、取り除け。
そして次第に、
雑念を心中からふり払っていくのだ。
鼻からゆっくりと息を吸い、

口から少しずつ吐いてゆけ。
息は胸ではなく、お肚まで降ろす。
この呼吸法を繰り返しながら、
ささやかな心の動きも止めて、
無念無想の境地を求めよ。

はじめは体の底から
喜びが湧きあがってくる。
そしてついには、
静けさのみに包まれる。

この涅槃の境地を、
深く味わうがよい。

10 師弟の道

謙虚に、人の言葉に学ぶことは、良いことだ。
自らの足らざるところを、
深く反省するのは、立派なことだ。
自戒の言葉で、
自分を律する人には、
後光が射しているようにさえ感じられる。

R

しかし、
持つべきものは師である。
無師独悟は、
少数の天才を除いて、
大成する道ではない。
あなたは、師なき精進の結果、
邪見、
邪道、
魔道に迷うであろう。

修行者は、
ひたすらに
正しい道を求め続ける限り、
必ず、
良き師に出会うであろう。
仏法真理を悟った、
正師に出会うであろう。

だが、焦ったり、
自我我欲を出してはならない。
師は、弟子に準備が調った時、
初めて本当の姿を見せるからだ。
弟子は、その時、
長い間、鏡に映った自分を、
見ていたにすぎなかったことを悟るのだ。

11

仏の心

人として生まれて、
人ならぬ境地に達する。

良き牛は、
他の牛と同じ餌を食べ、
同じ川の水を飲んで、
栄養価の高い乳を出す。

何か特別な才能があったわけではない。
何か格別の努力があったわけではない。
ただ黙々と牧草を喰み、
群れの中で、
生きてゆく智慧を考え抜いたのだ。

来る日も来る日も
自己の向上と、
他の牛たちの幸福とを、
ひたすら考え続けたのだ。

心には平和があって、
天からは光が臨んでいる。

嵐の日には、
群れを守るために、

横なぐりの雨風を受けとめた。
狼に狙われた夜には、
力の限り突進を繰り返したこともあった。

今、仔牛たちが、
うららかな春の陽射しの中で、
幸福な未来を夢みて戯れている。
今にして思う。
いつも志は、未来への夢の中にあったのだ。

12

信仰を立てる

宗教は伝道に方便を使うものだ。
誰だって自分に現世利益があればうれしいし、
自分が名のある
偉大な光の天使であればうれしい。
ただ、これだけでは、
ちまたの新宗教との違いはあまりなかろう。

自分への利益や甘いささやきだけで、
信じたものは、砂の城の如く、
大きな波をうけて崩れていく。

もう一段の脱皮がほしいのだ。
信仰とは、
雨の日も、
風の日も、
雪の日も、
嵐の日も、
灼熱の日も、
揺らがないものであるのだ。

たとえ、
この世的利害を失ったり、
愛する者を見失ったり、
自分自身に不幸が臨んだとしても、
強くあってほしい。
勇気と、
気概と、
不動心を貫いてほしい。

「心の指針Selection」について

「心の指針」は、幸福の科学の大川隆法総裁が書き下ろした珠玉の詩篇であり、現代に生きる数多の人々の心を癒やし、救い続けています。大川総裁は、人類を創造した根本仏である主エル・カンターレが地上に下生した存在であり、深い慈悲の念いで綴った「心の指針」はまさに「人類の至宝」です。その普遍的なメッセージは「人生の意味」や「悩み解決のヒント」など多岐にわたっていますが、さまざまな詩篇をテーマ別に取りまとめたシリーズが、この「心の指針Selection」です。2004年、大川総裁は心臓発作を起こし、医師からは「死んでいる人と同じ状態」と診断されました。その際、療養中に書き下ろした108篇の「辞世のメッセージ」が、「心の指針」の始まりです。しかし、その後、大川総裁は奇跡的な復活を遂げ、全世界で精力的に救世活動を展開しています。

『心の指針Selection 8　道を求めて生きる』出典

1　道を求めて生きる……心の指針108／『心の指針 第九集 勇気ある人』(宗教法人幸福の科学刊)
2　心の中の野獣…………心の指針103／同上
3　破滅への道……………心の指針42　／『心の指針 第四集 今日を生き抜け』(同上)
4　足ることを知る………心の指針43　／同上
5　欲の調節の加減………心の指針100／『心の指針 第九集 勇気ある人』(同上)
6　柔和忍辱の心…………心の指針172／『心の指針 第十五集 ヒーローの姿』(同上)
7　修行の中道……………心の指針38　／『心の指針 第四集 今日を生き抜け』(同上)
8　本当の即身成仏とは…心の指針202／『心の指針 第十七集 他人を本当に愛するには。』(同上)
9　涅槃の境地……………心の指針23　／『心の指針 第二集 師弟の道』(同上)
10 師弟の道………………心の指針13　／同上
11 仏の心…………………心の指針124／『心の指針 第十一集 信仰と人間』(同上)
12 信仰を立てる…………心の指針119／『心の指針 第十集 隠された力』(同上)

著者 Profile　　大川隆法 Ryuho Okawa

幸福の科学グループ創始者 兼 総裁。

1956（昭和31）年7月7日、徳島県に生まれる。東京大学法学部卒業後、大手総合商社に入社し、ニューヨーク本社に勤務するかたわら、ニューヨーク市立大学大学院で国際金融論を学ぶ。81年、大悟し、人類救済の大いなる使命を持つ「エル・カンターレ」であることを自覚する。

86年、「幸福の科学」を設立。信者は世界172カ国以上に広がっており、全国・全世界に精舎・支部精舎等を700カ所以上、布教所を約1万カ所展開している。

説法回数は3500回を超え（うち英語説法150回以上）、また著作は42言語に翻訳され、発刊点数は全世界で3200書を超える（うち公開霊言シリーズは600書以上）。『太陽の法』『地獄の法』をはじめとする著作の多くはベストセラー、ミリオンセラーとなっている。また、27作の劇場用映画の製作総指揮・原作・企画のほか、450曲を超える作詞・作曲を手掛けている。

ハッピー・サイエンス・ユニバーシティと学校法人 幸福の科学学園（中学校・高等学校）の創立者、幸福実現党創立者兼総裁、HS政経塾創立者兼名誉塾長、幸福の科学出版（株）創立者、ニュースター・プロダクション（株）会長、ARI Production（株）会長でもある。

心の指針 Selection8　道を求めて生きる

2024年10月1日　初版第1刷

著　者　大　川　隆　法

発行所　幸福の科学出版株式会社
〒107-0052　東京都港区赤坂2丁目10番8号
TEL 03-5573-7700
https://www.irhpress.co.jp/

印刷・製本　株式会社 堀内印刷所

落丁・乱丁本はおとりかえいたします

ISBN978-4-8233-0437-8 C0030

カバー , p.7 BABAROGA/Shutterstock.com, p.8 Kowit Lanchu/Shutterstock.com, p.10-11 Masahiro Watanabe, p.13 Sourabh Bharti/Shutterstock.com, p.14-15 Chadchai Krisadapong/Shutterstock.com, p.18-19 Chuchawan/Shutterstock.com, p.20-21 Elya Vatel/Shutterstock.com, p.23 Masahiro Watanabe 那須精舎 , p.24-25 VLADIMIR VK/Shutterstock.com, p.26-27 KeremGogus/Shutterstock.com, p.28-29 Masahiro Watanabe, p.31 mapman/Shutterstock.com, p.32 LocalBoys1/Shutterstock.com, p.35 YuliaLisitsa/Shutterstock.com, p.37 PHOTOCREO Michal Bednarek/Shutterstock.com, p.40-41 18042011/Shutterstock.com, p.42-43 Naoshi Minamoto, p.44 CHURN/Shutterstock.com, p.46-47 Lensedance/Shutterstock.com, p.48-49 njbfoto/Shutterstock.com, p.50-51 Naoshi Minamoto, p.52-53 asharihasan28/Shutterstock.com, p.54-55 CRAFT24/Shutterstock.com, p.57 Nick N A/Shutterstock.com, p.58-59 PhilipYb Studio/Shutterstock.com, p.61 Masahiro Watanabe 福岡正心館 , p.62-63 watcher fox/Shutterstock.com, p.64-65 Aleksandrs Muiznieks/Shutterstock.com, p.66-67 guteksk7/Shutterstock.com, p.69 Madan Patange/Shutterstock.com, p.70-71 William Edge/Shutterstock.com, p.73 Cavan-Images/Shutterstock.com, p.74-75 Shawn Laidlaw Media/Shutterstock.com, p.76 Dmitrii Artamonov/Shutterstock.com, p.78-79 Bokeholic/Shutterstock.com, p.80-81 Scorpp/Shutterstock.com

装丁・写真（上記・パブリックドメインを除く）© 幸福の科学

幸福の科学グループのご案内

幸福の科学は世界172カ国以上に広がり(2024年9月現在)、
宗教、教育、政治、出版、映画製作、芸能などの活動を通じて、
地球ユートピアの実現を目指しています。

信仰の対象は、主(しゅ)エル・カンターレです。主エル・カンターレは地球の至高神(しこうしん)であり、イエス・キリストが「わが父」と呼び、ムハンマドが「アッラー」と呼び、日本神道系では創造神にあたる「天御祖神(あめのみおやがみ)」という名で伝えられている存在です。人類を導くために、釈迦(しゃか)やヘルメスなどの魂(たましい)の分身を何度も地上に送り、文明を興隆(こうりゅう)させてきました。現在はその本体意識が、大川隆法総裁として下生(げしょう)されています。

国際協力
happy-science.jp/activities/social-contribution

ウガンダのセント・メアリー校に
校舎と礼拝室を寄贈

自殺防止活動
www.withyou-hs.net

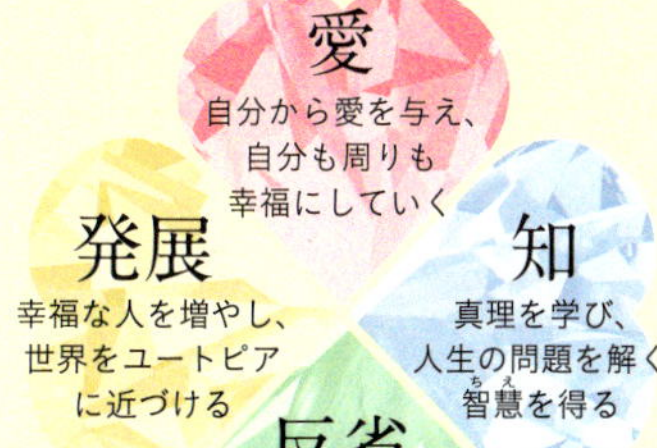

基本教義 *The Basic Teachings*

基本教義は「正しき心の探究」と「四正道」（幸福の原理）です。すべての人を幸福に導く教え「仏法真理」を学んで心を正していくことを正しき心の探究といい、その具体的な方法として、「愛・知・反省・発展」の四正道があります。

幸福の科学グループの最新情報、
参拝施設へのアクセス等はこちら！

幸福の科学 公式サイト
happy-science.jp

入会のご案内

幸福の科学では、大川隆法総裁が説く仏法真理をもとに、「どうすれば幸福になれるのか、また、他の人を幸福にできるのか」を学び、実践しています。

仏法真理を学んでみたい方へ

主エル・カンターレを信じ、その教えを学ぼうとする方なら、どなたでも入会できます。入会された方には、『入会版「正心法語」』が授与されます。

入会ご希望の方はネットからも入会申し込みができます。
happy-science.jp/joinus

信仰をさらに深めたい方へ

仏弟子としてさらに信仰を深めたい方は、仏・法・僧の三宝への帰依を誓う「三帰誓願式」を受けることができます。三帰誓願者には、『仏説・正心法語』『祈願文①』『祈願文②』『エル・カンターレへの祈り』が授与されます。

幸福の科学 サービスセンター
TEL 03-5793-1727
受付時間/
火～金：10～20時
土・日祝：10～18時（月曜を除く）